Jon Kabat-Zinn

Achtsamkeit und Meditation
im täglichen Leben

gesprochen und bearbeitet von Heike Born

Arbor Verlag
Freiburg im Breisgau

Übersetzung der Texte von Jon Kabat-Zinn: Elisabeth Pitzenbauer und Heike Born

Lektorat: Dr. Richard Reschika

Titelfoto: © 2007 Sya Titia Kleijer, photocase.com

Druck und Bindung: Kösel, Krugzell

Hergestellt von mediengenossen.de

Dieses Buch wurde auf 100% Altpapier gedruckt und ist alterungsbeständig.

Weitere Informationen über unser Umweltengagement finden Sie unter www.arbor-verlag.de/umwelt.

Besuchen Sie uns im Internet!

Dort finden Sie ausführliche Leseproben aller unserer Bücher, weiterführende

Informationen zu MBSR, Adressen, Kontakte, Links und unseren Buchshop:

www.arbor-verlag.de

ISBN 978-3-936855-56-2

Inhalt

Aus dem Hamsterrad aussteigen

Wir brauchen wirklich nicht viel Aufmerksamkeit, um erkennen zu können, daß unsere Welt sich vor unserer Nase so radikal verändert, wie es das menschliche Nervensystem wohl noch nie zuvor erlebt hat. Angesichts des enormen Ausmaßes dieser Veränderungen sollten wir uns vielleicht einmal Gedanken darüber machen, welche Auswirkungen sie auf unsere Arbeit, unsere Familie und unser Leben im ganzen haben. Es wäre wohl keine schlechte Idee, sich einmal genauer anzusehen, was die Tatsache, daß wir heute sieben Tage in der Woche jeweils vierundzwanzig Stunden vernetzt und verfügbar sind, mit unserem Leben anstellt.

Ich vermute, daß die meisten von uns kaum bemerkt haben, wie sie in diese Situation hineingeschlittert sind. Wir waren so damit beschäftigt, mit den neuen Möglichkeiten und Herausforderungen Schritt zu halten, zu lernen, die neuen Technologien zu benutzen, um mehr in kürzerer Zeit und möglichst besser leisten zu können, daß wir im Verlauf dieses Prozesses völlig von diesen Technologien abhängig geworden, ja geradezu süchtig nach ihnen sind. Und ob es uns nun bewußt wird oder nicht, wir werden von diesem Sog der Zeitbeschleunigung mitgerissen, und es gibt keine Anzeichen dafür, daß er sich wieder verlangsamen wird. Die Technologie, die uns angeblich so viel effektiver machen und uns damit mehr Muße bringen sollte, droht uns sowohl unserer Effektivität als auch unserer Muße zu berauben – wenn das nicht schon längst geschehen ist. Kennen

Sie etwa jemanden, der mehr Freizeit hat? Muße scheint in unserer Gesellschaft ein Fremdwort geworden zu sein – etwas, was es vor Jahrzehnten vielleicht einmal gegeben hat.

Mit unseren Handys, Laptops und drahtlosen Palm-Geräten sind wir heute dermaßen „vernetzt", daß wir jederzeit mit Hinz und Kunz in Verbindung sein und an jedem Ort der Welt rund um die Uhr unsere Geschäfte abwickeln können. Aber ist Ihnen schon einmal aufgefallen, daß wir angesichts dieser Rundumvernetzung Gefahr laufen, den Kontakt zu uns selbst zu verlieren? Angesichts der von allen Seiten auf uns einstürmenden Verführungen können wir leicht vergessen, daß unsere wichtigste Verbindung zu unserem Leben durch unser Inneres zustande kommt – es ist die Erfahrung unseres eigenen Körpers und all unserer Sinne, einschließlich des Geistes, die es uns erlaubt, mit der

Welt in Berührung zu sein und uns von ihr berühren zu lassen sowie angemessen auf sie zu reagieren. Und um das tun zu können, brauchen wir Momente, die nicht von irgend etwas angefüllt sind, in denen wir nicht auf dem Sprung sind, noch ein Telefonat anzunehmen oder noch eine E-Mail zu senden, in denen wir nicht noch eine weitere Aktivität planen oder unseren Terminkalender weiter anfüllen. Wir brauchen Augenblicke der Reflexion, der Besinnung, der Nachdenklichkeit.

Wo bleibt mitten in all diesem Gerede von Vernetzung die Verbindung zu uns selbst? Sind wir so intensiv mit anderen in Verbindung, daß wir niemals wirklich dort sind, wo wir uns befinden? Auch am Strand haben wir noch das Handy am Ohr – sind wir dann wirklich dort? Wir gehen die Straße entlang, wir fahren Auto und telefonieren gleichzeitig – sind wir also wirklich dort? Haben wir angesichts der Beschleunigung unseres Lebensstils und der Möglichkeiten augenblicklicher Kontaktaufnahme die Möglichkeit, in unserem eigenen Leben präsent zu sein, über Bord gehen lassen?

Wie wäre es, wenn wir in unseren „freien Momenten" mal nicht mit irgend jemandem Kontakt aufnähmen? Wie wäre es, wenn wir statt dessen einmal mit demjenigen in Verbindung träten, der an diesem Ende des Drahtes ist? Wie wäre es, wenn wir uns mal bei uns selbst meldeten und nachsähen, was da gerade vor sich geht? Wie wäre es, wenn wir in Kontakt mit unseren Gefühlen träten, auch in solchen Momenten, wo wir uns „daneben" fühlen, wo wir überfordert, gelangweilt, aus dem Tritt, verängstigt oder deprimiert sind ... oder wo wir den Zwang verspüren, noch eine Sache zu erledigen?

Wie wäre es, wenn wir mit unserem Körper in Verbindung träten und mit den Universen von Sinneswahrnehmungen, durch die wir die äußere Landschaft empfinden und erkennen? Wie wäre es, wenn wir mal nicht nur automatisch reagierten und etwas länger als nur einen flüchtigen Moment beim Gewahrsein dessen verweilen würden, was in jedem einzelnen Moment in unserem Geist auftaucht: bei den Gefühlen, den Stimmungen, Empfindungen und Gedanken sowie bei unseren Meinungen? Wie wäre es, wenn wir nicht nur bei ihrem Inhalt verweilten, sondern auch bei den Gefühlslagen, die damit einhergehen, bei ihrer Wirklichkeit als Energien und bedeutsamen Ereignissen in unserem Leben, als große Reservoire an Informationen zur Selbsterkenntnis, als großartige Gelegenheiten zur Auslösung von Transformation, als Gelegenheiten dazu, das, was wir wissen und verstehen, auf authentische Weise zu leben?

Können wir nicht einmal eine Pause machen? Vielleicht ist diese Pause alles, was wir brauchen, um unsere Verbundenheit mit dem Körper, mit dem Atem, mit der unverfälschten, analogen, nichtdigitalisierten Welt der Natur zu erkennen, mit diesem Augenblick, wie er ist, und mit dem, was wir tatsächlich sind.

Ich will hier keinesfalls für ein technologiefeindliches „Zurück zur Natur" plädieren und die Nützlichkeit unserer neuen Technologie in Abrede stellen. Ich will nur sagen, daß es in dieser Situation, die unser Nervensystem beansprucht, wie das nie zuvor der Fall gewesen ist, besonders wichtig sein könnte, in unserer Innenwelt ein verläßliches Gegengewicht zu erzeugen – etwas, was unser Nervensystem beruhigt und einstimmt und es in den Dienst eines weisen und für uns und andere förderlichen Lebensstils stellt. Wir können dieses Gegengewicht erzeu-

12 gen, indem wir unserem Körper, unserem Geist und unserer Erfahrung an der Schnittstelle zwischen innen und außen mehr Achtsamkeit schenken – einschließlich der Momente, in denen wir uns der neuen Technologien bedienen, um mit anderen in Verbindung zu treten … oder in denen der Impuls auftritt, dies zu tun. Ansonsten laufen wir Gefahr, das Leben eines Roboters zu führen, der keine Zeit mehr hat zu kontemplieren, wer denn all die Dinge macht, wer irgendwohin gelangt, wo es angenehmer ist, und ob es dort wirklich angenehmer ist.

Der Selbstbetrug der Geschäftigkeit

„Ich halte mich auf Trab." Viele Rentner sagen so etwas, wahrscheinlich um sich selbst und anderen zu beweisen, daß sie sich nicht gehen lassen und langsam in Vergessenheit geraten, nur weil sie kein festes Gehalt mehr beziehen.

Eines Tages hörte ich, wie diese Worte während eines Telefonats aus irgendeinem tief verborgenen Winkel meines Geistes aufstiegen, und noch ehe ich mich bremsen konnte, hatte ich sie schon ausgesprochen.

„Moment mal!" wollte ich ausrufen. „Was sage ich denn da, und wer zum Teufel sagt das?" Ich halte mich nicht auf Trab. Wenn ich überhaupt etwas mache, dann ist es eher so, daß ich versuche, Tempo herauszunehmen – und das erweist sich bereits als eine Vollzeitbeschäftigung. Ich habe mich langsam von einem krankhaften Niveau des Beschäftigtseins und des Machens entfernt und habe dabei gemerkt, daß es gar nicht so einfach ist, von den inneren und äußeren Gelegenheiten Abstand zu nehmen, die so attraktiv, so notwendig, so wichtig, so vernünftig und so machbar erscheinen – jede für sich genommen – und die letztlich doch immer wieder so viel mehr Energie beanspruchen als erwartet und die es schwierig, wenn nicht gar unmöglich machen zu erfahren, wie schön es sein kann, mehrere Monate lang an einem Ort zu verweilen und in einem nachhaltigen Gleichgewicht zwischen inneren und äußeren Belangen zu leben.

Wenn wir zu so vielen Dingen ja sagen, für die wir dann doch nicht mehr mit Gelassenheit und Integrität gegenwärtig sein können, dann sagen wir damit gleichzeitig nein zu all den anderen Dingen und Menschen und Orten, zu denen wir zuvor bereits ja gesagt haben.

Warum das so ist? Nun, ganz einfach weil wir dann, wenn wir überfordert sind, wahrscheinlich so aufgeregt, so angespannt und so mit uns selbst beschäftigt sind, daß wir keinem Menschen und keiner Situation mehr mit Gelassenheit und aus der Fülle unseres Seins heraus begegnen können – und dazu gehört natürlich auch und vor allem eine authentische Begegnung zwischen uns selbst und den Menschen, die uns besonders lieb sind. Es könnte uns gut tun, einmal die Impulse unter die Lupe zu nehmen, die uns in solch ein unglückseliges Beschäftigtsein hineintreiben.

Doch selbst wenn wir uns sagen, daß wir Achtsamkeit üben und sie so gut wie möglich von Moment zu Moment verkörpern wollen – solange wir uns nicht darum kümmern, ein wahres Gleichgewicht innerhalb der Entfaltung der Dinge in unserem Leben herzustellen, kommt uns das teuer zu stehen. Wenn wir alles so arrangieren, daß es praktisch unmöglich wird, in unserem Leben zu einem echten Gleichgewicht zu finden, dann werden wir dem, was uns am teuersten ist und was unsere Prioritäten im Leben sein sollten, im Grunde untreu. Damit fallen wir dem anheim, was der Dichter und Unternehmensberater David Whyte eine Art von Selbstbetrug und Untreue nennt. Wir betrügen uns selbst, und wahrscheinlich betrügen wir auch unsere Beziehung zu anderen Menschen und sogar zu bestimmten Orten. Und wir verlieren, ohne es zu bemerken, das Gespür für unsere Beziehung zur Zeit.

Wenn wir uns in wichtigen Momenten unserer Prioritäten wirklich bewußt sind, dann fällt es uns vielleicht leichter, nein zu sagen. Whyte formuliert dieses Dilemma sehr elegant:

Ungeachtet dessen, was manche New-Age-Gurus behaupten mögen, ist es nicht so, daß wir unsere eigene Realität erzeugen. Wir haben einen bescheidenen Anteil daran, in Abhängigkeit davon, wie wach wir für die Strömungen und Untiefen der Zeit sind. Realität ist das Gespräch zwischen uns selbst und den nie endenden Produktionen der Zeit. Je näher wir der Quelle dieser Produktionen der Zeit – also dem Ewigen – sind, desto leichter fällt es uns, genau die Strömungen zu erkennen, in denen wir an einem bestimmten Tag navigieren müssen. Der Fluß der Zeit kann zum Beispiel ganz plötzlich aus einem angenehmen und ruhigen Dahinströmen in eine turbulente

Stromschnelle übergehen, wenn unser Chef uns fragt, ob wir ein bestimmtes Projekt übernehmen wollen, von dem wir wissen, daß wir es angesichts der momentan bereits vorhandenen Verpflichtungen kaum noch einigermaßen vernünftig bewältigen können. Da uns die nötige Weite fehlt, sagen wir ja, in dem Versuch, unsere Identität durch das Machen zu begründen, und aus lauter Angst vor der Stille, die sich in Gegenwart dieser Autoritätsperson auftun könnte. Gehetzt von der Zeit, fühlen wir uns von anderen gehetzt, doch wenn wir uns für Geräumigkeit und Stille öffnen, kann die Stille, die auf ein freundliches, aber festes Nein folgt, zu etwas sehr Faszinierendem werden. Von außen gesehen mag diese Weigerung mutig erscheinen, aber vom inneren Standpunkt ist sie einfach Ausdruck einer gesunden Beziehung zur Zeit. Ja zu sagen wäre, betrachten wir unsere Beziehung zur Zeit als eine eheliche Verbindung, eine Art Promiskuität, wäre Untreue und Verrat. Streß bedeutet, daß wir Ehebruch begangen haben. Wenn wir die Besonderheiten unserer Realität verstehen wollen, müssen wir verstehen, wie wir tagtäglich mit unserer Beziehung zur Zeit umgehen. In den Stunden liegt das Geheimnis eines Arbeitstages, und an jedem Arbeitstag ist die Art, wie wir mit unserem Partner Zeit und, daraus folgend, mit unserer Reise durch den Tag umgehen, entscheidend für das Glück, das wir uns wünschen.

(Aus: Crossing the Unknown Sea)

Eine der Herausforderungen eines achtsamen Lebens besteht darin, mit den natürlichen Rhythmen der Entfaltung unseres Lebens in Berührung zu sein, auch wenn wir manchmal das Gefühl haben, uns weit von ihnen entfernt oder ganz den Kontakt zu ihnen verloren zu haben. In solchen Momenten müssen wir wieder ganz frisch auf jene inneren Kadenzen und Aufforderungen hören, mit großer Zartheit und großem Respekt.

Was in einem anderen Moment geschehen oder nicht geschehen könnte – manchmal mögen unsere Phantasien mit uns durchgehen, aus Wunschdenken oder aus Angst. In der Tat wird so etwas immer wieder geschehen. Doch diese Wahngebilde sowie die damit einhergehenden Ängste lassen sich durch eine Weisheit, die langsam in uns wächst, konterkarieren und richtig einordnen, eine Weisheit, die aus unserer Treue zur Praxis der Achtsamkeit erwächst und aus der Art und Weise, wie wir mit unseren Momenten, den kleinen und den großen, umgehen. Ob uns das gelingt, ist davon abhängig, daß wir nicht vergessen, was wirklich wichtig ist, und daß wir erkennen, wie süchtig wir danach sind, etwas zu tun, und wie leicht wir untreu werden, indem wir uns einreden, daß wir das alles schon irgendwie hinkriegen werden, obwohl die Tatsachen uns doch ganz deutlich sagen, daß der Preis dafür höher sein wird als der Gewinn. Es hängt davon ab, daß wir uns daran erinnern, wer wir wirklich sind, und daß wir nicht vergessen, daß diese Beschäftigungen im Vergleich zu ebendiesem Augenblick verblassen – womit auch immer wir gerade befaßt sein mögen oder was auch immer wir uns vorgaukeln, daß wir es verpassen könnten, denn all das ist gefärbt von unseren unhinterfragten Wahrnehmungen, die allesamt nichts als Produkte unseres Geistes sind.

Wenn wir in unserem täglichen Leben immer mal wieder innehalten und uns unserem Körper, unseren Sinnen und uns selbst zuwenden, werden wir zunehmend wacher für uns und unsere Bedürfnisse. Wenn das Gewahrsein die Sinne umfängt, belebt es sie. Wir haben das alle schon in gewissen Momenten erfahren, in Augenblicken außerordentlicher Lebendigkeit. Es ist unmöglich vorherzusagen, was geschehen könnte, wenn wir uns wirklich auf eine beständige und liebevolle Weise dem Lauschen auf den Körper hingeben und für Tage, Wochen, Monate und Jahre dabeibleiben würden, auch wenn wir anfangs vielleicht nicht viel hören. Eines ist auf jeden Fall gewiß. So gut er nur kann, lauscht der Körper ebenfalls, und er antwortet auf die ihm eigene Art.

Wir alle haben bestimmte Ideen und Vorstellungen von der Wirklichkeit und der Welt um uns herum. Infolgedessen sehen wir häufig unsere Gedanken oder sogar die von uns aufgenommenen Ideen und Vorstellungen anderer Menschen, statt das zu sehen, was sich tatsächlich vor uns oder in uns abspielt. Oft machen wir uns nicht einmal die Mühe, zu überprüfen, wie wir uns fühlen, weil wir glauben, wir wüssten und verstünden es ohnehin. Das kann dazu führen, dass wir nicht offen für das Wunder und die Lebendigkeit unmittelbarer Begegnung sind. Und wenn wir nicht wachsam sind, können wir sogar vergessen, dass direkter Kontakt überhaupt möglich ist. Wir können in einer selbst geschaffenen Gedankenwelt leben, ohne auch nur zu bemerken, daß uns etwas fehlt, daß ein tiefer Graben zwischen uns und unserem Erleben klafft. Wenn dies geschieht, ist die Wahrscheinlichkeit groß, daß wir emotional und spirituell verarmen. Wenn es uns hingegen gelingt, in unmittelbaren Kontakt mit der Welt zu treten, kann etwas Wunderbares und Einzigartiges geschehen.

Ein Leben in Achtsamkeit

Letztlich sind die Qualität Ihrer Motivation sowie die Entschlossenheit, mit der Sie die Sache angehen, die wichtigsten Elemente für Ihre Achtsamkeitspraxis. Noch so viele äußere Hilfen können kein Ersatz für dieses innere Feuer sein, für diese stille Leidenschaft für ein Leben, das so gelebt wird, als käme es wirklich auf uns an, und in dem uns bewußt ist, wie leicht wir große Teile unseres Lebens an Unbewußtheit, automatische Reaktionen und unsere tiefen Konditionierungen verlieren. Darum halte ich die Menschen, die mit mir zusammen üben, immer so dringlich dazu an, so zu üben, als hinge ihr Leben davon ab. Nur wenn Sie wissen, daß dem so ist, oder wenn Sie es zumindest

ahnen, werden Sie genug Energie haben, um auch dann zu praktizieren, wenn Sie sich gerade nicht danach fühlen, und nur dann werden
Sie sich diese Unendlichkeit zeitloser Augenblicke, unabhängig davon,
wie lange Sie der Uhr nach sitzen, wirklich zu eigen machen und sie
ausschöpfen können, ganz ohne daß Sie etwas tun müßten.

Nur wenn Sie wissen oder zumindest ahnen, daß Ihr Leben tatsächlich von Ihrer Meditationspraxis abhängt, werden Sie genügend
Motivation und Energie haben, um früher aufzustehen, als Sie es sonst
tun würden, damit Sie ungestört etwas Zeit für sich haben – Zeit, die
für nichts anderes eingeteilt ist und in der Sie einfach nur sein können,
eine Zeit außerhalb der Zeit –, oder werden Sie bereit sein, irgendeine
andere Tageszeit, die Ihnen besser geeignet scheint, als sakrosankte
Zeit für die Übung zu bestimmen. Nur dann werden Sie auch an Tagen

praktizieren, an denen ziemlich viel los ist, und nur dann werden Sie Ihr ganzes Leben zur wahren Übung machen können, so daß es nicht einfach darum geht, sich Zeit für das regelmäßige Üben zu nehmen, sondern um die Bereitschaft, jedem Augenblick mit Achtsamkeit zu begegnen, ganz gleich, was Sie gerade tun oder was los ist, so daß es sich allmählich eher so anfühlt, als machte die Übung Sie, und nicht Sie die Übung.

All das kommt nach und nach von selbst, und Sie müssen sich immer weniger um die Übung bemühen, sie wird immer natürlicher zu der Weise, wie Sie leben möchten. Doch der Eifer und die Leidenschaft für den radikalen Akt, der in unserer gehetzten, von Zeitnot getriebenen und von einem Meer der Ablenkungen und Anforderungen überschwemmten Epoche so ungewöhnlich ist, sind unerläßlich, wenn wir den Schwung der Praxis aufrechterhalten und uns der Befreiung von der Unbewußtheit und dem Leiden, das diese mit sich bringt, verpflichten wollen.

Wenn wir das verstanden haben, dann gibt es außerdem noch zahllose Möglichkeiten, um diese stille Leidenschaft für die Wachheit und die Entschlossenheit, frei von unseren Konditionierungen zu leben, zu stärken und zu stützen. Wir können damit beginnen, wahrzunehmen, wie sehr wir buchstäblich von Moment zu Moment im Griff der Konditionierung sind, und können durch das bloße Sehen und Erkennen dieser Konditionierung bereits Schritte zur Loslösung daraus unternehmen. Wir können uns bewußt sein, daß wir in jedem Augenblick an einem Scheideweg stehen, und können unsere Sinne und unsere Sensibilität verfeinern, unsere Fähigkeit steigern, die

Hindernisse und Fallgruben zu umschiffen, die in jedem Augenblick gegeben sind, auf daß wir erfahren, wie wir allmählich instinktiv und fließend auf Klarheit, Ruhe und Nichtanhaften hinsteuern, ganz gleich, wie steinig der Weg zu sein scheint und wie viele Hindernisse uns unterwegs begegnen.

Das Wichtigste ist, daß wir uns daran erinnern, daß es nicht nur eine einzige richtige Art zu üben gibt, daß wir die Übung letztlich zu unserer eigenen machen oder vielmehr zulassen müssen, daß sie allmählich zu unserer eigenen wird, indem wir bereit sind, uns der Übung hinzugeben und sie zu unserem Lehrer werden zu lassen. In Wirklichkeit ist es das Leben selbst, das dann zum Lehrer und zum Lehrplan wird. Wenn Sie aufmerksam sind und die Augen offenhalten, werden Sie immer wieder sehen, daß das Leben ein ganz außerordentlicher Lehrmeister ist, selbst in den gewöhnlichsten Momenten und bei den alltäglichsten Ereignissen. Und unser „Klassenzimmer" ist die gesamte Landschaft der inneren und äußeren Welt, die Landschaft der Sinne, die Landschaft des Geistes, die Landschaft des Jetzt und alles, was geschieht – alles ohne Ausnahme –, sowie die Leere, die Stille und die Fülle, die all das enthält. In dieser Welt gibt es keine Hindernisse für die Übung, nur scheinbare Hindernisse.

Es gibt keinen Ersatz für den Eifer und die Leidenschaft, mit denen Sie darangehen, das Leben voll und ganz und voller Dankbarkeit zu leben. Und wenn Sie der einzige Mensch auf dem Planeten wären, der Achtsamkeit kultiviert, so wäre das kein Grund, es aufzugeben, auch wenn das ein ziemlich entmutigender Gedanke wäre. Tatsächlich wäre das sogar noch ein Grund mehr, sich darin zu schulen.

Zum Glück gibt es Millionen Menschen auf dieser Erde, die sich der Übung von Achtsamkeit und einem Leben in Gewahrsein verpflichtet haben, und in jedem einzelnen Augenblick gibt es Millionen von Menschen, die gerade sitzen. Das ist eine der stärksten Stützen der Praxis – zumindest habe ich das immer so empfunden. Wenn Sie sich also, wo auch immer, zur Meditation hinsetzen, dann können Sie sich dessen bewußt sein, daß Sie nicht allein sind. Sie klinken sich in ein stilles Gegenwärtigsein ein, das keine Grenzen kennt, das kein Zentrum und keine Peripherie hat. Sie schließen sich einer sehr großen Gemeinschaft von verwandten Seelen an, die alle Ihre Begeisterung für Wachheit und Befreiung teilen. Und es werden täglich immer mehr Menschen, die auf einem der vielen Wege, die heute, anders als in der Vergangenheit, zur Verfügung stehen, zur Meditationspraxis finden.

Ein Bild, das mich sehr anspricht, ist, daß wir alle Blätter desselben Baums sind. Ein jeder von uns hat seinen ganz eigenen Standort und seinen eigenen Blickwinkel von diesem Standort aus. Ein jeder von uns ist eine Ganzheit, und die Ernährung und das Überleben des ganzen Baumes hängt von jedem seiner Blätter ab, wie umgekehrt jedes Blatt von ihm. Wir sind zugleich ein Ganzes und Teil eines viel größeren Ganzen, ja im Grunde von ins Unendliche verschachtelten Ebenen der Ganzheit.

Wie immer wir auch zur Meditationspraxis gekommen sind oder zur Praxis kommen werden – es ist eine Tatsache, daß wir sie nicht erfunden haben. Sie wurde uns überliefert, so daß wir damit experimentieren und sie für uns selbst erkunden können, und wir sollten das mit der größten Integrität und Hochachtung für das tun, was uns geschenkt wurde, und für all den Einsatz, das Leiden und die Genialität, die dahinterstehen. Es gibt eine lange, über Jahrtausende zurückreichende Linie von Frauen und Männern, die dem Dharma und der Weisheit verpflichtet waren. Sie sind die „unbekannten Lehrmeister", von denen Yeats spricht, und wenn wir es mit einer authentischen Übertragungslinie zu tun haben, werden wir wahrscheinlich immer wieder voller Dankbarkeit sein für das Erbe, mit dem sie uns ausgestattet hat. Viele der Menschen, die solchen Linien angehören, haben uns Aufzeichnungen über ihre Erfahrungen hinterlassen, so daß wir heute die Möglichkeit haben, uns des Dharmas zu bedienen, den sie uns übermittelt haben. Dieses ist ein Geschenk früher Generationen an die späteren, und nie war es für die Menschheit so bitter nötig wie heute.

Gute Dharma-Bücher, CDs mit Meditationsanleitungen wie in diesem Buch, gemeinsame Meditation mit anderen oder auch die Begegnung mit einem erfahrenen Meditationslehrer haben sich als wertvolles Hilfsmittel erwiesen, die Praxis der Achtsamkeit in das tägliche Leben zu integrieren. Aber Hilfsmittel reichen nicht aus, wenn Sie es nicht schaffen, sich mit Ihrem Hintern auf das Meditationskissen zu setzen. Lesen kann eine Inspiration sein, großen Lehrern zu begegnen kann eine Inspiration sein, mit anderen zusammen zu sitzen kann eine enorme Hilfe sein, aber Sie müssen immer noch selber üben, mit Ihrem Körper, Ihrem Geist, Ihren Umständen. Sie können sich auch zu viele Bücher „reinziehen"; dann sind die Bücher, wie authentisch, inspirierend und hilfreich sie auch sein mögen, nicht mehr als Nahrung für Ihr unersättliches Verlangen nach Information und diskursivem Denken.

Letztlich werden Sie feststellen, daß dann, wenn das Leben der wahre Lehrer ist, jedermann in Ihrem Leben zu einem Lehrer wird. Jeder Augenblick und jedes Geschehnis ist dann eine Gelegenheit zum Üben, eine Gelegenheit, über die oberflächliche Erscheinung der Dinge hinauszusehen und Ihre Neigungen, zu reagieren, sich zu verkrampfen und gefühlsmäßig zu verschließen, zu durchschauen. Zu solchen Reaktionen kommt es besonders dann, wenn die Dinge nicht ganz so laufen, wie Sie es sich wünschen. Diese Gelegenheit bietet sich auch, wenn Sie sich manchmal einbilden, jemand zu sein, oder in Momenten, in denen Sie danach streben oder vorgeben, jemand zu sein; schließlich auch in Momenten, in denen Sie wissen, daß Sie ein Niemand sind, oder wenn die Angst auftaucht, Sie könnten zu einem Niemand werden, oder wenn Ihr Ehrgeiz es für ein Zeichen Ihres spirituellen Status und Ihrer Verwirklichung hält, ein Niemand zu sein.

In all diesen Fällen und in vielen anderen kann sich herausstellen, daß Ihr Ehemann oder Ihre Ehefrau, Ihr Partner, Ihre Kinder oder Familienangehörigen, Ihre Freunde und Kollegen oder sogar völlig Fremde Ihre besten Lehrer sind. Es kann die Politesse sein, die Ihnen ein Bußgeld für falsches Parken aufbrummt, der Mann am Fahrkartenschalter, jemand, der Sie auf den Tod nicht leiden kann, einfach jedermann. Und natürlich gilt das auch für alles, was Ihnen widerfährt. Alles ist eine Stütze für Ihre Wachheit, wenn Sie bereit sind, sich aufwecken zu lassen, indem Sie wirklich zur Besinnung kommen. Wirklich alles. Aber das verlangt ein mutiges Herz und einen Geist, der sieht, wie töricht es ist, an irgend etwas festzuhalten.

Schließlich und endlich ist immer das Leben der beste Lehrer und der Lehrplan und die Praxis, auch wenn wir ganz außerordentlich von all den Menschen in der Vergangenheit, Gegenwart und Zukunft profitieren können, die uns ihre Liebe, ihre Weisheit und ihre Einsichten zum Geschenk machen.

Letztlich werden wir zurückgeworfen auf unser eigenes persönliches Interesse an Gewahrsein und Befreiung, auf unsere Motivation, unsere Entschlossenheit und unsere Bereitschaft, alles, was uns begegnet, als Gelegenheit zur Vertiefung unserer Hingabe an das Erwachen zu benutzen – ganz gleich, was geschieht und nicht nur für uns selbst, auch wenn es völlig in Ordnung ist, mit uns selbst zu beginnen, sondern in dem Bestreben, durch weises und mitfühlendes Handeln ein Knoten im größeren Netz des Lebens zu sein.

Wenn Sie sich auf diese Weise verpflichten, dann können nicht nur die oben angesprochenen Ressourcen oder die Meditationsanleitungen auf den beiliegenden CDs zu wertvollen Stützen Ihrer Praxis werden. In gewisser Weise wird dann das gesamte Universum in Resonanz mit Ihrer neuen Sichtweise und Ausrichtung treten. Aber es wartet darauf, daß Sie den ersten Schritt tun.

Anhang

Jon Kabat-Zinn

Jon Kabat-Zinn ist Gründer der *Stress Reduction Clinic, des Instituts für Achtsamkeit in Medizin, Gesundheitsvorsorge und Gesellschaft* und Professor emeritus der Medizin an der *Universität von Massachusetts.* Er gilt als Pionier der Ganzheitsmedizin, und sein Programm zur Praxis der Achtsamkeit im Gesundheitswesen, kurz *MBSR (Mindfulness Based Stress Reduction)*, wird mittlerweile in vielen Ländern der Welt erfolgreich praktiziert.

http://www.umassmed.edu/cfm
http://www.mbsr-verband.de

Heike Born

Heike Born hat für uns die CDs *Achtsamkeit und Meditation im tägli-chen Leben, Bei sich selbst zuhause sein* und *Der achtsame Weg durch die Depression* bearbeitet und gesprochen. Sie arbeitet als Psychologische Psychotherapeutin in eigener Praxis in Wiesbaden und vermittelt an verschiedenen universitären und privaten Ausbildungsinstituten für Psychotherapie unter anderem auch achtsamkeitsbasierte Methoden in der Depressions- und Angstbehandlung.

Weiterführende Literatur

Jon Kabat-Zinn: *Zur Besinnung kommen – Die Weisheit der Sinne und der Sinn der Achtsamkeit in einer aus den Fugen geratenen Welt*

43

Wir haben weitgehend den Kontakt verloren zur Wirklichkeit dessen, was wir in unserer Tiefe und in allen unseren Möglichkeiten sind; ebenso zu unserem Körper und zu den „Körperschaften" unserer gesellschaftlichen und politischen Institutionen. Unsere Gesundheit und unser Wohlergehen stehen auf dem Spiel, wenn es uns nicht gelingt, wieder zur Besinnung zu kommen – als Individuen und als menschliche Gemeinschaft. Dieses Buch zeigt, wie wir mit Hilfe der Praxis der Achtsamkeit wieder zur Besinnung kommen und mit allen Sinnen zu einem gesunden und erfüllten Leben in der Gemeinschaft finden können. Das Standardwerk zur Bedeutung der Achtsamkeit in dieser Welt.
672 Seiten, Arbor Verlag

ISBN 978-3-86781-181-1

Frank Boccio: *Achtsamkeits-Yoga*

Das Yoga-Praxishandbuch im Kontext der MBSR-Praxis. Ein Yogabuch, dem die Integration von Yoga und Meditation auf einzigartig neue Art gelingt – in einfach nachvollziehbaren Sequenzen, mit 140 begleitenden Fotos, die die einzigartige Verbindung von Yoga und Meditation illustrieren. Yoga und Meditation werden hier zu einer einzigen Praxis – die den Körper belebt, den Geist befreit und Mitgefühl, Gleichmut und Freude weckt. Ein Buch für Anfänger wie Fortgeschrittene, das geeignet ist, Sie in Ihrer täglichen Yogapraxis zu begleiten. 384 großformatige Seiten, 140 Abbildungen, Arbor Verlag

ISBN 978-3-86781-175-0

Jeffrey Brantley: *Der Angst den Schrecken nehmen*

Nutzen Sie Mindfulness Based Stress Reduction (MBSR), um Angst, Panik und geistige Unruhe zu lindern. Mit einem Vorwort von Jon Kabat-Zinn. 256 Seiten, Arbor Verlag

ISBN 978-3-86781-019-7

Saki Santorelli:

Zerbrochen und doch ganz – Die heilende Kraft der Achtsamkeit

Der jetzige Direktor der Stress Reduction Clinic gibt in diesem Buch Einblick in
die Praxis der Mindfulness Based Stress Reduction. Dabei erinnert er uns an eine
Art innerer Heilung, die in der westlichen Medizin beinahe vergessen ist.
272 Seiten, Arbor Verlag

45

ISBN 978-3-936855-96-8

Jon Kabat-Zinn & Lienhard Valentin:

Stressbewältigung durch die Praxis der Achtsamkeit

Die Grundlagen-CD zur Mindfulness Based Stress Reduction.
Mit einem Body-Scan und einer geführten Sitzmeditation.
Audio-CD mit Begleitbuch, Arbor Verlag

ISBN 978-3-86781-121-7

MBSR: Seminare und Fortbildungen

46 Die gemeinnützige *Arbor-Seminare gGmbH* organisiert regelmäßig Seminare und Weiterbildungen mit führenden Vertretern achtsamkeitsbasierter Verfahren. Nähere Informationen finden Sie unter:
http://www.arbor-seminare.de

Wenn Sie sich für MBSR-Seminare bzw. Fortbildungen mit Jon Kabat-Zinn, Saki Santorelli und anderen erfahrenen Referenten zu den Themen Stressbewältigung und Achtsamkeit interessieren, finden Sie allzeit aktuelle Informationen unter:
http://www.mbsr-verband.de

Wichtiger Hinweis

Die Ratschläge zur Selbstbehandlung in diesem Buch sind vom Autor und dem Verlag sorgfältig erwogen und geprüft worden. Dennoch kann eine Garantie nicht übernommen werden. Bei ernsthafteren oder länger anhaltenden Beschwerden sollten Sie auf jeden Fall einen Arzt, Psychotherapeuten, Psychologen oder Heilpraktiker Ihres Vertrauens zu Rate ziehen. Eine Haftung des Autors oder des Verlags für Personen-, Sach- und Vermögensschäden ist ausgeschlossen.

CD-Inhalt

Inhalt CD 1

Inhalt CD 2